ORAISON FUNÈBRE

DE

S. ÉM. MGR MATHIEU

CARDINAL ARCHEVÊQUE DE BESANÇON

PRONONCÉE LE 15 JUILLET 1875

PAR

M. L'ABBÉ BESSON

CHANOINE DE LA MÉTROPOLE

BESANÇON,
TANQUET-TURBERGUE, LIBRAIRE-ÉDITEUR,
RUE SAINT-VINCENT, 33-35.
—
1875

ORAISON FUNÈBRE

DE

S. ÉM. MGR MATHIEU

CARDINAL ARCHEVÊQUE DE BESANÇON

PRONONCÉE LE 15 JUILLET 1875

PAR

M. L'ABBÉ BESSON

CHANOINE DE LA MÉTROPOLE

BESANÇON,

LANQUETIN-TURBERGUE, LIBRAIRE-ÉDITEUR,

RUE SAINT-VINCENT, 33-35.

—

1875.

FUNÉRAILLES

DE

Mgr LE CARDINAL MATHIEU.

Le 15 juillet 1875 restera à jamais gravé dans la mémoire de ceux qui, en ce jour, ont vu les murs de la cité de Besançon. Jamais tant de pompe autour d'un cercueil, jamais tant d'éclat, d'honneurs, de prières; jamais l'espérance ne s'est autant mêlée à la douleur. C'est qu'en ce jour on devait faire entendre l'adieu suprême au pontife éminent qui, depuis quarante ans, avait d'une main si ferme et si paternelle à la fois dirigé le vaste diocèse de Besançon.

Dès huit heures du matin, les abords de la rue des Granges, de la Madeleine et de la Grande-Rue étaient gardés par des piquets de soldats. La ville tout entière semblait se porter du côté de l'archevêché et de la cathédrale. A huit heures et demie, les processions se déroulent, bannières en tête, et précèdent le cortége funèbre. Bientôt les cloches sont en branle au sommet des tours, le canon tonne. Un peloton d'artillerie ouvre la marche. Vient ensuite la musique de la 27e brigade, suivie du 3e bataillon de chasseurs, d'un bataillon du 60e de ligne, puis d'un peloton de gendarmerie à cheval. La croix apparaît à la tête des élèves de la maîtrise, qui portent un crêpe au bras; suivent les frères de la Doctrine chrétienne, les frères de Marie, le grand séminaire, les RR. PP. capucins, plus de huit cents prêtres en surplis, les chanoines de divers diocèses, le chapitre de Besançon, les RR. PP. abbés de la Grâce-Dieu et de Notre-Dame de la Pierre, neuf évêques et leur cortége, trois archevêques, enfin Son Em. Mgr le cardinal Guibert, archevêque de Paris. Apparaît enfin le char funèbre aux tentures violettes, traîné par quatre chevaux dont les caparaçons *mi-partis noir* et *violet* sont rehaussés de croix de Malte *d'argent*. Sur le char est déposé le cercueil, recouvert de la grande *cappa* de Son Eminence, d'un rochet, d'une étole et d'une mitre. Les cordons d'honneur sont tenus par M. le premier président, le général Petit, le préfet du Doubs et M. Oudet, maire de la ville.

Les neveu et petit-neveu de Son Eminence, accompagnés de sa maison, suivent le cercueil, ainsi que Mgr le duc d'Aumale, les deux délégués militaires du maréchal de Mac-Mahon et du ministre de la guerre, les deux délégués civils du ministre des cultes et du ministre de l'intérieur. Apparaissent ensuite deux membres de l'Assemblée nationale, la cour en robes rouges, des officiers de l'armée, l'université, une députation du lycée, les administrations, l'académie, le collége Saint-François-Xavier, les membres de la société de Saint-Vincent de Paul, les membres des cercles catholiques franc-comtois et du cercle des ouvriers, puis une foule immense d'hommes de tous rangs, et derrière eux se pressent quatre escadrons d'artillerie, dont trois à cheval.

Quel grand spectacle! Partout, sur les trottoirs, aux balcons, sur les toits, sur des échafaudages, sur les places publiques, sur le parvis des églises, une foule massée, compacte, silencieuse et recueillie. Au square Saint-Jean, un bataillon de la ligne présente les armes et bat aux champs sur le passage du char funèbre; les mêmes honneurs sont rendus sur la place Labourée, à la rue de la Madeleine, à la place Saint-Pierre; le bataillon de sapeurs-pompiers garde l'avenue de la cathédrale, et pendant une heure et demie, on n'entend que sons funèbres, chants lugubres, voix des cloches s'unissant au bruit du canon. Cette pompe, cet éclat, ce spectacle, honorent tout le monde, mais les chrétiens peuvent en être fiers, car tout cela est un hommage rendu à un prêtre, à un pontife, à un cardinal de la sainte Eglise de Dieu.

Les voilà parcourus pour la dernière fois, ces quartiers, ces places publiques, ces rues, où si souvent Son Eminence a béni les fidèles! Le cortége rentre à la cathédrale, dont la porte, voilée par de sombres tentures, apparaît à travers l'arc antique qui, aujourd'hui, est encore un véritable arc de triomphe. La cathédrale est ouverte, le canon tonne, les cloches pleurent, le clairon retentit, la voûte frissonne, on entend le cri des chefs, le cortége prend place, et le cercueil est déposé sur le catafalque, dressé au milieu du chœur. Il est entouré de flambeaux, étoiles du sanctuaire, et de flammes vacillantes, lueurs agitées comme les pensées des mortels. La croix de Son Eminence est couchée sur le cercueil, la mitre blanche se dresse au sommet, les plis du manteau de pourpre retombent tout autour. O pourpre romaine, quand te reverrons-nous dans notre métropole? Plus serrés que les épis en ces jours où ils vont tomber sous la faux du moissonneur, les prêtres, les soldats, les dignitaires, les religieuses, la foule, remplissent les nefs, les bas-côtés, les chapelles latérales et l'abside du Saint-Suaire. NN. SS. les évêques, le duc d'Aumale, les généraux, les délégués du gouvernement, les chanoines, peuplent le sanctuaire et forment comme une couronne d'honneur autour de l'autel et du catafalque.

En bas, tout est sombre, les tentures noires recouvrent les marbres du Saint-Suaire, coupent les arcades de la nef, retombent le long des colonnes, descendent de la voûte du chœur ; seule, la statue de Mgr de Rohan, dans une attitude suppliante, jette, par l'éclat de son marbre blanc, un rayon lumineux dans cette triste avenue. Mais en haut une douce lumière descend du triforium, et les figures des saints qui en remplissent les nombreuses verrières semblent prier et sourire, prier pour que nous restions dignes du père que nous pleurons, sourire à la pensée de la récompense que Dieu sait donner à ses élus.

Rien n'est grave comme le chant du *Requiem*, rien n'est suave comme ces voix d'enfants qui montent jusqu'au ciel pour en faire descendre la miséricorde. Son Em. Mgr le cardinal de Paris offre le saint sacrifice, les prières se mêlent aux chants et les larmes aux souvenirs. La musique militaire joue une marche funèbre : nous sommes à deux pas d'un grand tombeau.

La messe finie, M. Besson monte en chaire. Que de fois il avait fait entendre sa grande voix en présence de celui qui maintenant est couché dans son cercueil. Aussi, quelle émotion ! C'était le cœur d'un fils qui parlait d'un père, c'était le cœur d'un prêtre de Besançon qui louait le pontife de ce grand diocèse. Si tous les auditeurs l'ont écouté avec une attention mêlée de larmes, tout le monde le lira avec émotion. Quelle peinture des jeunes années du cardinal, de son affection pour les siens ! Quel tableau de ses œuvres ! Comme il a peint son dévouement pour ses prêtres, pour l'Eglise, pour le pape, sa charité pour toutes les infortunes ! Quelles sont celles qu'il n'a cherché à adoucir ? Il y avait là de grands cœurs, des évêques qui connaissent les douleurs de l'exil et qui savent comment notre archevêque savait y compatir. Mgr Mathieu aimait son pays ; n'y avait-il pas là une grande âme qui pleure sa chère France ? Tous, évêques, prêtres, soldats, magistrats, pieuses filles du cloître, tous ont pu reconnaître la vérité du tableau et applaudir à ces accents de la reconnaissance.

Debout une dernière fois autour du cercueil, Son Em. Mgr Guibert, NN. SS. les archevêques et évêques, les RR. PP. abbés, les chanoines des diverses cathédrales, chantèrent le dernier adieu de l'Eglise. Cinq fois l'eau bénite fut jetée sur les restes mortels, cinq fois l'encens fuma autour du catafalque.

C'était fini. L'horloge de la cathédrale venait de sonner deux heures de l'après-midi. La foule se retire, les cris des chefs se font entendre, le cortége quitte l'enceinte, les rues se remplissent encore de bruit, mais le silence se fait sous les voûtes sacrées. Le sombre caveau est ouvert, un rayon de lumière y descend. O pontife, ô père, ô guide, reposez en paix !

A Rome, sur la porte d'un cimetière, on lit ces mots : *Pleurez sur le mort, car il se repose !* Nous pouvons répéter cette parole en songeant à nous-mêmes ; car c'est pour nous, pour les grandes œuvres, pour l'Eglise, que notre pontife travaillait, et, jusqu'à son dernier soupir, il ne s'est point reposé.

H. RIGNY.

ORAISON FUNÈBRE

DE

SON ÉM. MGR LE CARDINAL MATHIEU,

ARCHEVÊQUE DE BESANÇON.

Elegi vos et posui vos ut eatis et fructum afferatis, et fructus vester maneat.
Je vous ai élus, je vous ai établis pour que vous marchiez, que vous portiez des fruits de salut, et que ces fruits demeurent éternellement.

(Joann., xv, 16.)

Eminence (1),
Messeigneurs (2),

Je me demande, en abordant cette chaire, si je n'aurais pas dû renoncer à la parole pour ne laisser couler que mes larmes. Ma place était, ce semble, dans ce cortége, car je porte le deuil d'un père, et l'on ne demande pas communément aux enfants de célébrer, le jour des funérailles, la mémoire du père qu'ils ont perdu. Mais ce deuil, qui ne le porte pas aujourd'hui ? Mais ce père, qui ne sent pas le besoin de le pleurer ? La ville, le diocèse, la province, toute la France, toute l'Eglise, sont entrés dans les mêmes senti-

---

(1) S. Em. Mgr Guibert, cardinal archevêque de Paris.
(2) NN. SS. Guilloux, archevêque de Port-au-Prince; Pichenot, archevêque de Chambéry; Colet, archevêque de Tours; Rivet, évêque de Dijon; Ræss, évêque de Strasbourg; Marilley, évêque de Lausanne; Caverot, évêque de Saint-Dié; Guerrin, évêque de Langres; Lachat, évêque de Bâle; Hacquard, évêque de Verdun; Foulon, évêque de Nancy; Legain, évêque de Montauban; les deux abbés de la Grâce-Dieu et de Notre-Dame de la Pierre.

ments. Ce spectacle nous le dit assez. Un prince de l'Eglise s'est mis à la tête des évêques pour mener ce grand convoi; un prince de la maison de France, à la tête de l'armée pour former le cortége de l'illustre mort. Le chef de l'Etat y envoie son nom, ce symbole d'honneur et de vaillance qui fait la sécurité même du pays; quatre ministres veulent, aussi bien que nos députés, nous témoigner leur condoléance en se faisant représenter dans cette enceinte; la magistrature et le barreau viennent en grande pompe saluer le cardinal dans son cercueil, comme s'il leur avait appartenu; toutes les administrations semblent regretter leur modèle, toutes les écoles leur protecteur, toutes les sociétés qui cultivent la science ou qui pratiquent la charité se rappellent ses encouragements et ses bienfaits. Il n'y a qu'un mot pour peindre tant de regrets et pour interpréter tant de larmes. Nous pleurons notre premier pasteur, et personne que lui ne fut meilleur père : *Nemo tam pater !*

Il faut cependant faire un effort sur notre douleur et essayer de vous dire comment le père que nous pleurons a entendu, compris, justifié la parole du divin Maître : Je vous ai établis dans cette Eglise pour que vous marchiez en ma présence et que vous portiez des fruits de salut : *Elegi vos et posui vos ut eatis et fructum afferatis.* Son élection fut préparée pendant quarante ans : *Elegi vos.* Il marcha pendant quarante ans, ce vaillant homme, en poursuivant son laborieux ministère : *Posui vos ut eatis.* Mais les fruits que ce ministère a portés feront encore les délices des générations à venir : *Et fructum afferatis, et fructus vester maneat.* Admirons son élection, car elle fut pour cette Eglise un trait providentiel de miséricorde et d'amour; louons son administration tout entière, car elle fut pleine de grandeur et cette grandeur n'eut pas de déclin; jouissons des fruits de sa vie, ces fruits sont un ouvrage d'une immortelle durée. Venez, comme dit Bossuet, venez, prêtres et fidèles, aux leçons vivantes et à la pratique. Venez apprendre comment on se forme sans relâche au ministère des âmes, comment on s'y consume sans se lasser, comment on le quitte sans mourir. C'est ce que j'essaierai de montrer dans cette oraison funèbre consacrée à la mémoire de Mgr Jacques-Marie-Adrien-Césaire MATHIEU, *cardinal prêtre du titre de Saint-Sylvestre in capite, archevêque de Besançon, commandeur de la Légion d'honneur, grand-croix de l'ordre d'Isabelle la Catholique, chevalier du Saint-Sépulcre.*

I. Dieu qui, selon la pensée de Bossuet, pour sauver une seule âme, déplace les bornes des empires et remue tout le genre humain, est le même qui prépare, suscite, fait naître au milieu des empires détruits, ceux qu'il prédestine de toute éternité à sauver les âmes. Il était entré dans ses glorieux desseins de confier pendant près d'un demi-siècle, au prélat qui descend aujourd'hui dans la tombe, les destinées de cette Eglise, l'une des plus illustres de l'univers. La foi, la piété, le zèle, la pratique des grandes affaires, la connaissance profonde des hommes, l'équitable appréciation de notre temps, et parmi toutes nos vicissitudes, l'inébranlable fermeté d'une conscience qui ne connaît que le devoir, voilà ce que Besançon pouvait souhaiter dans son premier pasteur, voilà ce que Dieu nous a donné dans sa miséricorde et dans son amour. Nous avons joui de ce premier pasteur, comme d'un bienfait public, pendant quarante ans passés ; écoutez comment Dieu a mis quarante ans à le former pour notre salut.

Le cardinal Mathieu n'avait pas besoin d'ancêtres, mais le ciel ne lui refusa pas ce précieux secours. Le sang italien qu'il portait dans ses veines n'était pas sans gloire ; il avait donné à la ville de Livourne d'honnêtes marchands, à la république de Gênes de vaillants marins, à l'Eglise le cardinal Gastaldi, qui fut le conseiller et l'ami de Pie VI. En passant en France, cette noble famille ne fit que changer de théâtre sans changer de fortune. Mais sa fortune nouvelle devait sortir du milieu de nos ruines Le père de notre archevêque avait acquis à Lyon, par un travail persévérant, et l'aisance et la considération, quand le siége de cette ville fameuse le priva de la moitié de ses ressources. Il se tourne vers l'Italie pour sauver le reste, mais un naufrage emporte ce qui avait échappé à la révolution. Je me trompe, il lui restait un trésor que Dieu lui avait gardé au milieu des révolutions et des tempêtes, et c'est avec ce trésor qu'il a recommencé les grandes destinées de sa famille. M. Mathieu avait trouvé à Lyon quelque chose de plus rare que les richesses, il avait trouvé la femme forte dont parle l'Ecriture. D'un grand esprit, d'un cœur plus grand encore, cette femme bénie se montra veuve accomplie après avoir été fidèle et courageuse épouse. Elle était aidée dans sa tâche par trois sœurs qui rivalisaient avec elle de tendresse et de dévouement auprès de ses jeunes enfants, et qui leur laissaient à deviner laquelle était leur mère. Elle forma à son école l'aînée de ses enfants, cette fille d'une si haute piété et d'un jugement si sûr qui fut l'ange, le conseil, la providence visible de ses deux frères, poursuivant le marin de ses prières à travers les flots, et se faisant dans l'Eglise la compagne, la confidente et la ménagère du prêtre. Nous l'avons vue, cette mère, achever à Besançon sa tranquille vieillesse en contemplant dans un fils élevé aux premiers honneurs de l'Eglise l'ouvrage de ses mains. Nous l'avons vue, cette sœur, demeurer pendant trente ans au fond de ce palais, cachant sa main sans cesser de l'ouvrir pour soulager les pauvres, et ignorant elle-même qu'elle continuait de conseiller le prêtre et le prélat, après avoir formé l'enfant et le chrétien. Nous l'avons vu, ce frère, se reposant ici de ses longues campagnes, et devenu un vrai Franc-Comtois dans cette ville où sa conversation était recherchée comme un charme, et où il a compté tant d'amis. Ô mère ! ô sœur ! ô frère ! vraiment dignes de nos regrets et de nos louanges, pouvais-je vous oublier ici ? Votre image est encore gravée dans tous les cœurs, et c'est dans nos murs que repose votre dépouille mortelle. Que de fois notre pieux cardinal n'est-il pas allé offrir le saint sacrifice sur votre tombe ! Que d'offices solennels célébrés dans cette église ! Quelle invitation persévérante à prier pour ses chers défunts ! Et maintenant qu'il nous faut prier à notre tour pour celui qui fut pour vous, Messeigneurs, un frère si tendrement aimé, pour nous, prêtres et fidèles, un père, disons mieux, une mère aux entrailles saintement émues, il me semble que ce cœur à peine refroidi palpite sous ce drap mortuaire à ces mots si sacrés pour lui, de mère, de sœur, de frère, et qu'il vous recommande pour la dernière fois sa mère, son frère et sa sœur !

Voilà dans quelle famille à la fois éprouvée et bénie naquit Jacques-Marie-Adrien-Césaire Mathieu. Paris fut son berceau, et le jour de sa naissance, 19 janvier 1796, fut le jour même de son baptême. Son enfance, entretenue d'abord des douleurs et de la captivité de Pie VI, fut témoin des premières joies du concordat et du triomphe de la papauté. Il vit Pie VII sacrer à Notre-Dame le chef d'un nouvel empire, pour apprendre à la France que si tout change autour de la religion, seule la religion ne change jamais. Pie VII l'a béni sur les genoux de sa mère, au milieu des dames de Lyon accourues sur son passage. Sa physionomie intelligente n'avait point échappé au cardinal Pacca, qui ce jour-là, dit-on, lui prédit en souriant qu'il porterait la pourpre. Mais ses parents ne songent pour lui qu'aux destinées modestes d'un simple fidèle. Ils oublient ses qualités pour ne corriger que ses défauts. S'il est spirituel, enjoué, gracieux, vif et emporté par tempérament, ne redoutez rien de cet excès même, car le respect domine toute son éducation. Sa mère avait conçu des maîtres qu'elle lui donna une si haute idée, qu'elle lui fit prendre l'habitude de recevoir leurs leçons non-seulement découvert, mais debout. Ajoutez à cela des habitudes de piété tendre, qui élevèrent de bonne heure vers Dieu l'ardeur de son âme et qui en firent un jeune homme irréprochable au milieu des dangers de son âge. Je ne sais quel attrait encore mal défini le pousse déjà vers le sanctuaire, mais son père le tourne vers l'école de droit. Il faut obéir, prendre ses degrés et commencer une carrière mondaine. N'en soyez point en peine, l'heure de la vocation sonnera bientôt. Il était d'ailleurs dans sa destinée d'être rompu aux affaires du siècle avant d'entreprendre les affaires de Dieu. Ce n'est pas assez qu'il s'initie à la procédure dans une étude justement renommée pour la haute intelligence et la parfaite intégrité de son patron, la confiance qu'il inspire le fait choisir entre tous les autres pour aller administrer dans les Landes les intérêts du duc Mathieu de Montmorency. Cette mission, qui pouvait flatter sa jeunesse, lui ouvrit non pas les portes du monde, mais celles du sanctuaire. Les subtilités de la chicane dégoûtèrent son esprit naturellement droit, et plus il excellait à les démêler, plus il redouta d'y perdre son âme. Un homme de Dieu acheva de le gagner à l'Eglise. Il avait rencontré dans les Landes un évêque de l'ancienne France, au grand air, à la noble figure, au caractère vaillant, Mgr d'Urgons, auxiliaire de Metz, qui achevait sa vie dans la retraite. Il écouta ses conseils et prit à son école la résolution de quitter le monde. A peine de retour de ce voyage, le légiste était entré au séminaire. La maison d'Issy parle encore avec admiration des débuts de sa cléricature; celle de Saint-Sulpice l'a compté parmi ses meilleurs élèves de théologie.

Saint-Sulpice offrait alors un grand spectacle. Ce n'étaient pas seulement les ouvriers de la première heure qui recrutaient cette école célèbre, mais ceux de la troisième et de la sixième, les uns après avoir brisé leur épée, les autres renonçant à la magistrature ou au barreau, plusieurs échappés de la Cour et à peine affranchis des liens du mariage. A leur tête était un Rohan, qui aurait cherché vainement à cacher sous sa soutane la splendeur de son nom. Il eut l'abbé Mathieu pour répétiteur, et leurs relations commencèrent aux pieds du crucifix. Représentez-vous ces deux séminaristes sortis du monde en même temps, réunis dans la même cellule et s'édifiant l'un l'autre par leur piété; l'un, c'était le clerc de procureur, faisant la leçon sans se prévaloir, l'autre, c'était le duc et pair, l'écoutant sans s'étonner; tous deux modèles vivants de ce séminaire qui est demeuré lui-même le modèle des autres, tous deux destinés à gouverner l'Eglise de Besançon et à y porter la pourpre romaine; Mgr le cardinal de Rohan, pour y jeter comme en passant la pensée de toutes les grandes œuvres; Mgr le cardinal Mathieu, pour les fonder, les embellir, les achever, en élever la gloire jusqu'au comble; le premier, avec la magnifique imprévoyance d'une générosité princière; le second, avec les épargnes accumulées de sa pauvreté sainte; tous deux enfin l'honneur de cette Eglise, tous deux sa fortune, tous deux des guides sûrs, des pères tendres, d'inépuisables bienfaiteurs. Celui-là, qui n'a pu se ruiner à notre service, parce que cinq ans de bienfaits n'ont pas suffi à dévorer son patrimoine, dote, en mourant, les pauvres, le séminaire, notre église métropolitaine; celui-ci, qui a passé quarante ans à nous faire du bien, déclare, par un testament non moins sublime, qu'il ne dispose de rien après sa mort, parce qu'il a tout donné pendant sa vie. L'histoire prononcera aisément laquelle de ces deux vies nous a été la plus utile, mais elle ne saura dire lequel de ces deux cœurs nous a le plus aimés.

Cependant la Providence appela d'abord M. l'abbé Mathieu dans une autre province. Elle voulait le mettre aux prises, dès le commencement, avec les difficultés des grandes entreprises, pour lui donner le courage de les suivre et lui enseigner l'art d'y réussir. A peine élevé au sacerdoce, ses supérieurs le signalent à Mgr Salmon du Châtelier, évêque d'Evreux, qui leur avait demandé un homme capable de le seconder dans le recrutement de ses deux séminaires. L'église d'Evreux manquait de prêtres; mais, grâce à l'activité du supérieur, les pierres du sacerdoce sortirent de toutes parts de cette excellente terre de Normandie et devinrent l'ornement du sanctuaire. M. l'abbé Mathieu partageait son temps entre l'administration du diocèse, la direction des séminaires et la conduite de plusieurs maisons religieuses. Son activité infatigable ne se rassasiait qu'à force de travail. Là paraît cet esprit de règle qui présida à toute sa vie, cet amour des affaires qui ne lui permit jamais de goûter un seul instant de récréation, ce goût des exercices spirituels qui arrachait son âme, à l'heure marquée, aux sollicitudes du dehors et qui la rendait chaque jour plus dévouée au prochain, parce qu'elle était chaque jour plus unie à Dieu. Evreux n'a rien oublié de ces vieux souvenirs, et le nom du jeune supérieur est demeuré cher au clergé normand. On s'y félicite encore de l'avoir connu, et ceux qui ne le connaissent que par sa renommée en ont cultivé la gloire naissante comme si elle appartenait à leur propre patrie.

Après cinq ans marqués par les plus heureux succès, M. l'abbé Mathieu rentra dans sa ville natale. Le diocèse de Paris le revit avec je ne sais quoi de réfléchi, de pratique, d'achevé, que le commerce de la province peut seul donner même aux esprits les plus brillants. Un prélat dont le nom est demeuré grand dans l'Eglise, Mgr de Quélen, n'hésita pas à l'appeler dans ses conseils et à lui confier la paroisse de la Madeleine. Là, sa jeunesse n'eut pas besoin de demander grâce, car s'il en avait encore la vivacité généreuse, sa sagesse éclatait plus haut que tout le reste dans ses discours comme dans ses démarches. On s'accoutuma à le considérer dès le commencement comme un ancien parmi le clergé de Paris, où les plus vénérables mérites du dernier siècle étaient encore assemblés, et où vivait, sous une couronne de cheveux blancs, toute la foi, toute la simplicité, toute la grandeur de l'ancienne Eglise de France. Ces nobles vieillards le traitaient avec tous les égards dus à son précoce mérite, et les jeunes prêtres recevaient sa direction avec tout l'empressement que commande une affection vraiment filiale. Que vous dirai-je de son peuple, sinon qu'il en obtint tout ce qu'obtient le bon pasteur, j'entends le respect, la confiance et l'amour? Ah! si nous pouvions vous lire cette correspondance qui s'est continuée jusqu'à la fin entre le jeune curé de la Madeleine et ceux qui se félicitaient d'avoir été, ne fût-ce qu'un instant, ou ses paroissiens ou les fils et les petits-fils de ceux qui l'avaient été, vous verriez quelle souplesse et quelle flexibilité d'esprit, quelle circonspection vigilante, quelle fermeté sage, mais surtout quel dévouement pastoral il a déployé dans cette administration qui fut à la fois si courte et si féconde. Une révolution qui ne dura que trois jours, mais qui nous fit toucher la profondeur des abîmes, éprouva ses sentiments en mettant dans un relief nouveau les grandes qualités de son caractère. Sa conduite fut celle de beaucoup de sages. La tige de la maison de France était emportée ; mais, à défaut de la tige, il s'attacha aux branches, comme on s'attache dans la tempête aux planches flottantes du navire. Il garda, avec le deuil respectueux du passé et les indomptables espérances de l'avenir, cette équité qui tient compte à tous les pouvoirs de leurs intentions et de leurs efforts, et comme il ne s'écarta jamais du respect dû à la royauté nouvelle, il se trouva, sans l'avoir voulu, sans l'avoir cherché, capable de conseiller, de prévenir et de reprendre. Pourquoi ne dirais-je pas qu'il fut admis aux confidences les plus augustes dans une question qui intéressait au plus haut degré l'Eglise et la France? On le consultait sur le choix des premiers pasteurs, et son influence, discrète mais toujours sûre, demeura longtemps prépondérante et décisive. Périgueux, Nîmes, Montauban, Saint-Dié, Langres, Saint-Claude, Chartres, Grenoble, savent tout ce qu'ils lui doivent ; plusieurs des prélats qui m'écoutent ont été sacrés par ses mains, et malgré tout leur mérite, je ne saurais leur décerner aujourd'hui une louange plus sensible à leur cœur qu'en ajoutant qu'il s'est applaudi devant Dieu d'avoir contribué à leur élévation ou appelé sur leur tête l'abondance et la plénitude du Saint-Esprit. Pourquoi ne le dirais-je pas encore ? Une princesse, qui fut sur le trône comme une autre Esther, aimait à l'entretenir sur tout ce qui préoccupait sa grande âme et de reine et de mère. J'ai nommé la plus sainte des mères devant le plus respectueux et le plus aimant des fils. O prince ! ce fut pour vous comme un heureux présage, en venant prendre le commandement de nos frontières dans cette cité, d'y saluer par avance un prélat si français et si cher à votre maison. O pontife ! ce fut votre dernière joie de rendre à ce prince, dans cette cathédrale, les honneurs dus aux enfants de France, et de sceller en de si vaillantes mains, par l'épée et par la croix, l'antique alliance de l'Etat et de l'Eglise, qui seule peut faire encore la fortune et la gloire de la société moderne.

Mais j'interromps l'ordre de mon discours. Ce fut sur le siège de Langres que ce prélat destiné à tenir un moment la feuille des bénéfices épiscopaux fit lui-même l'apprentissage de l'épiscopat. Quarante-deux ans se sont écoulés depuis le jour où il a pris possession de cette illustre Eglise, et les sentiments qu'il y excita s'y transmettent encore de génération en génération comme un héritage de reconnaissance et de piété. Il lui a suffi d'y paraître un jour pour y être toujours chéri, tant il était facile de l'aborder, agréable de l'entretenir, utile de suivre ses avis; tant on s'estimait heureux de vivre sous la houlette pastorale de ce jeune et aimable évêque. Il aima l'Eglise de Langres comme on aime une première épouse, et le jour venu où il lui fallut rompre les liens sacrés qui l'y attachaient, il en garda comme un doux souvenir auquel le temps ne fit qu'ajouter de nouveaux charmes. Témoin ces voyages entrepris pour célébrer la fête de saint Mammès au milieu d'un peuple qui lui était demeuré si cher; témoin ce précieux reliquaire dans lequel il enferma le chef du grand martyr; témoin ces trois couronnes portées, il y a deux mois, dans un pompeux appareil, reçues avec tant d'empressement et bénites avec un accent si pathétique au milieu de l'admiration de la foule. A le voir dans sa verte vieillesse, ravivant ses plus chers souvenirs, recevant la ville entière, bénissant dans les petits enfants les noms de leurs pères toujours présents à sa mémoire, aurions-nous pu croire qu'une si belle fête serait suivie si promptement d'un si grand deuil? Et vous-même, vénérable pontife qu'il avait sacré de ses mains pour l'Eglise de Langres, et qui justifiez depuis tant d'années le témoignage de sa paternité spirituelle, ne deviez-vous donc apporter que sur un cercueil l'expression de votre filiale reconnaissance? A la nouvelle du malheur qui frappe aujourd'hui la France et l'Eglise, Langres s'est ému comme au souvenir d'un bienfaiteur et d'un aïeul. Mais nous, qui sommes ses enfants, c'est un père que nous pleurons, et c'est à nous de le louer avant tous les autres. Dieu s'était contenté de le montrer à Langres, c'est à Besançon qu'il l'a donné pour toujours. Là, Mgr Mathieu n'avait fait que passer; c'est ici qu'il est demeuré en faisant le bien. Ecoutez et jugez.

II. L'histoire d'un évêque se fait par ses actions et non par ses années; mais quand Dieu lui donne le temps pour complice, ne faut-il pas y voir un dessein de miséricorde sur le peuple confié à ses soins? L'Eglise de Besançon a mérité souvent cette grâce insigne qui met le comble à toutes les autres. Les longs épiscopats furent toujours pour elle des jours de grandeur et de gloire. Sans parler de Ferdinand de Rye, qui occupa ce siège pendant cinquante ans, trois Grammont ont suffi pour le tenir presque tout un siècle; leurs bienfaits sont encore aujourd'hui le patrimoine des prêtres et des pauvres, et leurs mérites égalent ceux des François de Sales, des Belsunce et des Borromée. Pour mieux comprendre ce que vaut une telle grâce, jetez les yeux sur cette province, antique héritage des Ferréol et des Ferjeux, dont un historien a dit qu'elle est plus grande par le renom que par l'étendue. Si vous regardez nos limites, d'autres l'emporteront par le territoire; si vous comptez les fidèles, d'autres l'emporteront par le nombre; mais songez aux neuf cents paroisses qui partagent notre diocèse et aux quinze cents prêtres qui le desservent, et cette charge pastorale vous apparaîtra telle qu'elle est, avec ses mille soins, ses détails infinis, ses affaires sans nombre, qui en font, sinon la plus grande, du moins la plus occupée de toute l'Eglise de France. Enfin, dans un temps troublé comme le nôtre, si plein de vicissitudes et de changements, quelle grâce pour Besançon d'avoir eu longtemps le même pasteur avec le même esprit de règle et de tradition, le même amour des affaires et du devoir, la même charité toujours inépuisable, la même foi toujours intrépide, en sorte que la religion semblait avoir pris les traits de notre archevêque pour se peindre à nos regards, immobile parmi tant d'images qui ont passé sans retour, vivante et immortelle parmi tant de ruines qui ne sont déjà plus.

C'est un esprit de règle et de tradition que Mgr Mathieu a apporté dans cette Eglise, et il ne s'en est pas départi un seul jour. Il y est entré le 24 novembre 1834, non pour bouleverser et détruire, mais pour affermir, consolider, éterniser, autant que l'homme peut le faire, les grandes pensées de nos pères et de nos ancêtres, dont il se déclare ainsi le serviteur et l'héritier. Son blason est sans devise, mais sa devise éclate dans toute sa conduite : *Nihil innovetur nisi quod traditum est :* point d'innovation que la tradition elle-même. Que n'a-t-il pas fait dans cette pensée, toute d'honneur ecclésiastique et de piété filiale? Il restaure les portraits de ses cent douze prédécesseurs, comme pour consulter tous les jours du regard le souvenir de leurs vertus; il recueille les moindres lignes tombées de la plume de Mgr Dubourg, comme pour immortaliser le passage de ce grand prélat sur un siége où il avait eu à peine le temps de s'asseoir; il expose aux regards, dans un cadre précieux, les résolutions que Mgr de Rohan avait prises la veille de son sacerdoce, comme pour s'animer à les suivre lui-même, et l'un de ses premiers soins est d'élever au milieu de cette cathédrale cette belle statue aux mains jointes et à l'attitude suppliante, qui nous rend toute la piété de son prédécesseur et qui semble aujourd'hui exciter et soutenir la nôtre. Il va demander à Soleure les restes exilés de Mgr de Durfort, et, protestant ainsi tout ensemble contre le schisme et contre la révolution, il lui fait décerner, vous savez, Messeigneurs, avec quelle pompe, avec quel cœur, les honneurs dus aux archevêques morts dans l'exercice de leurs fonctions pastorales. Il cherche, il découvre sous les dalles de cette métropole la cendre ignorée des comtes de Bourgogne, les tire de l'oubli et les fait jouir enfin de leur sépulcre. Oh! j'en conviendrai sans peine, cet esprit de règle et de tradition allait jusqu'à l'amour de l'abstinence et du jeûne. Les antiques mortifications de l'Eglise sont demeurées en usage dans notre diocèse; mais il avait jugé que nous pouvions les supporter encore dans leur sainte rigueur, que ce serait notre gloire de faire pénitence, et pour nous-mêmes et pour les autres, et que l'Eglise de Besançon devait se maintenir, par l'austérité de ses mœurs, dans le rang où sa piété et sa foi l'avaient élevée; mais il dépassait lui-même, dans sa vie privée, toutes les abstinences qu'il imposait à son peuple; enfin, autant il tenait à la règle par tradition et par honneur, autant il en tempérait l'application personnelle par sa théologie éclairée et prudente. Non, non, la tradition de dix-huit siècles ne doit pas être légèrement abandonnée : *Nihil innovetur nisi quod traditum est.*

Je cherche dans cette vie quel est le jour, quelle est la circonstance où sa tête aurait paru fléchir, ne fût-ce qu'un instant, ne fût-ce que dans une question secondaire, sous le souffle de ce qu'on appelle l'esprit nouveau. Ce jour, je ne le trouve pas. Mais le siècle l'a trouvé saintement rebelle à ses caprices, à ses modes, à ses fantaisies, à tout ce qu'on appelle le progrès. Quand, au mépris de la nature, de la raison, de toute la tradition classique, on imagina d'imposer aux enfants de treize ans le choix de leur carrière et de précipiter leur esprit encore si peu formé dans l'étude indiscrète des mathématiques, qui poussa le premier cri d'alarme et qui dénonça au monde ce danger public? L'archevêque de Besançon. Un homme politique vint tout exprès pour nous rassurer contre ce qu'il appelait des scrupules; mais ces scrupules étaient tombés de trop haut pour n'être pas bien fondés; mais ces scrupules étaient ceux de tous les bons esprits de l'Université, à qui le silence s'imposait encore; mais ces

**

scrupules sont devenus enfin la raison de tout le monde, et après tant d'hymnes chantés en l'honneur de ce qu'on appelait la bifurcation, dans une langue aussi barbare que la chose, que reste-t-il de toute cette mode et de tout ce vain progrès ? Les scrupules triomphants de l'archevêque de Besançon. Qui n'a cessé de s'élever contre ces épreuves encyclopédiques par où se terminent les études de la première jeunesse ? Encore l'archevêque de Besançon. Il viendra un jour, j'en ai la confiance, où l'on renoncera à surcharger l'esprit de l'écolier de tant de connaissances étrangères à son âge, comme il a fallu renoncer à le fausser par l'étude précoce des mathématiques. A défaut de la sagesse des familles, les lois viendront au secours de l'esprit qui s'épuise, du corps qui s'étiole, du cœur qui se dessèche, et l'on se souviendra que pendant vingt-cinq ans, joignant le précepte à l'exemple dans des discours latins qui ont fait le tour du monde, l'archevêque de Besançon a demandé, en dépit du progrès, au risque de n'être ni compris ni même écouté, le retour aux traditions des grands maîtres et des grands siècles.

Et cependant, avec cet esprit de règle et de tradition, qui connut et qui suivit mieux que lui les affaires de son diocèse et de son temps ? Les affaires, c'était son élément, et il s'y trouvait comme dans son naturel. Les affaires, c'était son devoir. Appelez-le donc, si vous le voulez, un homme d'affaires, à condition que nous ajouterons aussitôt que ce fut l'homme des affaires de Dieu. C'est Dieu qu'il veut bénir et glorifier en bâtissant des temples en son honneur ; c'est le ministre de Dieu qu'il veut loger dignement comme il convient à son caractère ; c'est le service de Dieu qu'il veut assurer par de pieuses et riches fondations ; ce sont les enfants de Dieu auxquels il veut ouvrir des écoles, donner des maîtres, préparer le pain de chaque jour. Voilà ses principales affaires ; mais quand vous songerez qu'il n'y a pas dans nos neuf cents paroisses une seule église, un seul presbytère, une seule école, qui n'aient cent fois attiré sa sollicitude et pour lesquels il n'ait donné ou un ordre, ou un avis, ou un conseil, toujours ses lumières, souvent son argent, vous comprendrez toute la vivacité de son zèle et vous en bénirez la sainte persévérance. Oui, j'en conviens encore, il s'obstina à défendre l'église, le presbytère, la fabrique, le prêtre surtout, avec un courage que la vieillesse n'a pu affaiblir et que toutes les révolutions n'ont pu dérouter. Il y mettait sa pourpre, il y mettait son nom, il y aurait mis sa tête. Là où un principe d'autorité ou de justice se trouvait engagé, rien ne l'arrêtait. On l'a vu, pour un presbytère de village, pour un sillon de champ, pour une servitude à peine aperçue, pour ce que le monde regarde comme des riens, écrire des mémoires, entreprendre des voyages, frapper à la porte des ministres et des souverains. Mais ces riens étaient tout, car il n'y a point de droit qui soit petit, il n'y a point de paroisse, si petite qu'elle paraisse devant les hommes, qui ne soit devant Dieu une grande paroisse. On l'a vu prendre les armes spirituelles pour ramener dans la voie droite les peuples égarés, et les priver des saints offices pour leur faire sentir leur erreur. Que la prudence humaine s'alarme de ces rigoureuses mesures, qu'on se récrie, qu'on s'obstine, notre archevêque ne reculera pas. Ne lui citez pas ces chrétientés qui se sont détachées de l'obéissance due à la véritable Eglise pour une frivole question d'amour-propre, sa prudence pastorale ne redoute rien de pareil. Il connaît son diocèse; il sait qu'il a pour lui le temps, la réflexion, le bon sens si naturel à cette province, la foi surtout, cette foi éclairée et pratique, à laquelle on revient toujours. Il sait tout cela, c'est pourquoi il sait attendre, et la victoire lui reste. Cette victoire dura quarante ans, et je peux bien la proclamer au pied de ces autels. Cette victoire, c'était la vôtre, Eglise de Besançon, dont l'honneur lui était si cher; c'était la vôtre, peuple fidèle qui avez constamment justifié les prévisions, disons mieux, les tendresses de votre premier pasteur. Bénissez-le de s'être montré quelquefois sévère, il vous a sauvés de l'esprit d'indocilité et de révolte ; bénissez cette verge sous laquelle vous avez goûté les joies de l'obéissance ; c'est la verge de la consolation et de l'honneur, et, en saluant cette crosse épiscopale qui n'a jamais fléchi, on peut y écrire pour devise ces mots du prophète : *Virga mea et baculus meus ipsa me consolata sunt.*

A ces traits d'une si haute sagesse et d'un si ferme courage, vous avez reconnu l'homme d'affaires qui aurait pu être un grand homme d'Etat; mais comment vous faire connaître le père ? Ce n'est plus seulement ici cette habileté dans le maniement des esprits, cet ordre dans l'expédition des affaires, cette opportunité dans le choix du temps, cette mesure dans les paroles, qui l'ont fait regarder comme leur guide et leur modèle par tous les administrateurs qui se sont succédé dans son diocèse et dont il est demeuré l'ami; c'est le cœur avec tous ses dévouements, toutes ses émotions, tous ses sacrifices.

A qui ne s'est-il pas donné? Il appartenait à chacun, aux pauvres comme aux riches, aux petits comme aux grands, dans cette ville, dans ce diocèse, je dirai mieux, dans l'univers entier. Que n'a-t-il pas donné? Son argent, son temps, ses lettres, ses recommandations, ses démarches, son esprit et son cœur, tout lui-même. Pour l'obtenir, il n'était pas même nécessaire d'avoir été un jour son diocésain ou de s'être rencontré sur son passage, il suffisait d'avoir besoin de lui. Cette facilité incroyable qu'il possédait pour parler ou écrire les principales langues de l'Europe multipliait partout ses clients. Il pensionnait comme un prince de vieux serviteurs de l'Etat, il dotait leurs filles, il soutenait leurs veuves, il ouvrait à leurs fils l'entrée des séminaires et des colléges et leur y assurait un honnête entretien. Presque dès son entrée dans notre diocèse, on vit en lui comme le protecteur-né de toutes les victimes que la révolution ferait désormais dans l'univers. Que dès 1840 les guerres d'Espagne jettent en deçà des Pyrénées deux cent quarante prêtres sans asile, sans pain, sans vêtements, c'est Besançon qui les recueille, c'est notre archevêque qui les console, les assiste et les soutient. Que les troubles d'Italie réduisent depuis cinq ans tout le clergé de Sicile à l'aumône, notre archevêque, depuis bientôt cinq ans, n'omettra pas de leur envoyer chaque mois le viatique de chaque jour. Que Genève et Berne exilent leurs premiers pasteurs, notre archevêque leur offre aussitôt un asile, et s'il n'a pu leur faire accepter cette hospitalité fraternelle, il donne à leurs prêtres les presbytères de nos frontières, il quête pour eux dans toute la France, il soutient leur fidélité, il anime leur zèle, il défend leur honneur, il pleure de joie en apprenant que les fidèles viennent chaque dimanche, du fond de ces paroisses persécutées, entendre dans son diocèse la bonne messe, écouter le bon prêtre, et apporter ainsi à la véritable Eglise la marque authentique et persévérante de leur attachement. O nobles Eglises de Bâle, de Lausanne et de Genève, que prétend-il faire, sinon de vous payer d'un juste retour? Vous avez donné asile à Mgr de Durfort et à ses prêtres; il est juste que Mgr Mathieu acquitte envers vous la dette de la reconnaissance. Ainsi, quand la révolution fait le tour du monde, il reste toujours une terre sacrée pour recevoir les confesseurs et les martyrs. O France! ô ma patrie! puisses-tu mériter de l'être toujours, et que les vertus de ce prélat qui fut si français obtiennent pour toi une si belle grâce, la grâce de sentir encore la justice, la grâce de pratiquer toujours la charité.

Pour achever le tableau de ces bienfaits publics, il me faudrait vous montrer notre archevêque aux prises avec deux autres fléaux, la guerre et la peste, qui ont désolé son peuple et navré son âme. Gray l'a vu disputer aux médecins l'entrée des hospices, visiter chaque malade dans sa demeure, célébrer par une fête magnifique la délivrance de la cité et faire porter devant l'image de cette Notre-Dame, la plus célèbre de son diocèse, le bâton de sa sollicitude pastorale, comme pour remettre à Marie la conduite du troupeau. Besançon l'a vu, pendant les cinq mois de la dernière invasion, qui ont été remplis pour nous de si mortelles alarmes, partager son temps entre la visite du saint lieu et la visite des malades, implorant tour à tour, dans son ardente prière, Notre Seigneur Jésus-Christ, notre mère Marie, les SS. Ferréol et Ferjeux, nos anges gardiens, nos saints protecteurs, tous les justes qu'il avait connus et avec qui il entretenait un touchant commerce au delà de la tombe, comme s'il les avait déjà distingués dans la gloire et qu'il eût joui par avance de leur conversation éternelle.

Vous ne lui parliez pas d'une affaire qu'il ne se mît aussitôt à genoux pour en assurer le succès. Le pauvre, l'ouvrier, l'humble femme, tous ceux qui n'osaient implorer les grands, venaient à l'audience de l'archevêque. Aussi, quelle foule dans cette antichambre, qu'on eût prise pour le vestibule d'un sanctuaire! Il y régnait comme une sorte de recueillement. Quelles préoccupations diverses sur le visage de ceux qui attendent leur tour! Chacun a son secret; le prélat écoutera tout, retiendra tout, consolera tout. Voit-il couler des larmes? il laisse éclater les siennes comme à l'unisson. Faut-il mêler le reproche au conseil? quelle franche bonté, quelle décision ferme, quelle vive lumière jetée d'un mot dans la conscience la plus troublée comme dans l'affaire la plus obscure! Est-il en butte aux contradictions et aux outrages? sa charité n'en est que plus attentive, plus émue, plus éplorée. Il est de ceux à qui le Ciel a donné, comme à Salomon, la largeur du cœur : *Dedit ei Deus latitudinem cordis*. Les âmes qui s'égarent ont, comme les affligés et les pauvres, un droit plus particulier à ses prières. Ni le mensonge, ni l'ingratitude, ni l'oubli des plus sacrés devoirs n'ont pu lui arracher une seule plainte. Il n'a pour tous les malheureux que le cri du Sauveur au Calvaire : « Mon père, pardonnez-leur, parce qu'ils ne savent ce qu'ils font. » Charité vraiment héroïque ! Non, ce n'est pas en vain que ce bon pasteur a ouvert au milieu de nous l'école de la patience et de la grandeur d'âme. Le voilà qui vient d'y mourir, le pardon sur les lèvres ! Ah ! quand le ciel s'ouvre, quand le char d'Elie s'envole, que nous reste-t-il, prêtres du diocèse de Besançon, sinon de ramasser le manteau de cette compatissante charité et de nous serrer la main dans la main, le cœur auprès du cœur, autour de cette dépouille mortelle ? Loin de nous les petites choses où le pied peut se heurter encore ! Plus haut, toujours plus haut les pensées et les regards ! Disciples du bon pasteur, jurons de vivre, de pardonner et de mourir à l'école de sa charité !

Ce fut avant tout l'école de la foi. Autant la charité du grand prélat était vive, féconde, inépuisable, autant sa foi fut simple, droite, obéissante, pleine de ferveur et d'amour. Qui ne se rappelle le spectacle donné dans cette église il y a dix ans ? Pie IX, après avoir dressé dans le *Syllabus* le catalogue des erreurs modernes, avait signé dans l'encyclique *Quantâ curâ* l'ordre adressé à tous les premiers pasteurs de signaler ces erreurs à leurs peuples. Au premier bruit de l'acte pontifical, la politique s'emporte, la faiblesse hésite, l'ignorance se trouble, une clameur immense, formée de tous les préjugés et de toutes les passions, s'élève d'un bout de la terre à l'autre contre un pape qui n'avait fait que rappeler au monde, infatué de ses vaines lumières, ce *Credo* vieux de dix-huit siècles, et ce Décalogue qui en a soixante. Mais Pierre a parlé, Césaire ne délibère pas. Sans demander d'explications, sans en attendre aucune, le lendemain même du jour où il avait reçu l'encyclique, le dimanche 6 janvier 1865, il monte dans cette chaire, il fait lecture de la bulle, il déclare, sans commentaire, que l'encyclique et le *Syllabus* y annexé sont et demeurent publiés dans le diocèse de Besançon. A la même heure, la cathédrale de Moulins faisait écho à la nôtre, et les montagnes du Bourbonnais répondaient aux montagnes de la Franche-Comté par le *Credo* de la foi. Poursuivez maintenant, politiques d'un jour, dénoncez, frappez, condamnez, cette parole sortie de la bouche de Pierre ; il est trop tard pour l'atteindre. Rome avait parlé, la cause était finie. Césaire, le premier de toute l'Eglise de France, avait répété cette parole, et, pour attester la soumission unanime, il ne reste plus, ce semble, qu'à ratifier, par d'unanimes louanges, un acte si parfait d'obéissance et d'amour.

Ah! que l'Eglise de Besançon ait été ce jour-là la première au combat, je ne m'en étonne pas; cette Eglise avait appris à bonne école que la parole de Dieu ne saurait être liée sur les lèvres des pontifes. C'est dans cette chaire qu'Hildebrand, prieur de Cluny, est monté devant le pape Léon IX, qui n'était encore que l'élu de l'empereur, pour lui persuader de déposer la chape rouge et de reprendre le bâton de pèlerin jusqu'à ce que son élection eût été faite canoniquement par le peuple et le clergé de Rome; c'est dans ce palais que saint Pierre de Tarentaise a poursuivi le schisme, et que le peuple, éclairé par sa parole, a maudit le pasteur infidèle; c'est dans les murs de cette cité que l'hérésie a été mise en fuite, il y a trois siècles, par l'archevêque Claude de la Baume, pendant la nuit mémorable de la surprise, et que Besançon a été définitivement acquis à la cause de la catholicité. Ainsi Mgr Mathieu continuait les grandes traditions de son siège, qui fut de tout temps singulièrement fidèle au pape. Il gagnait ainsi, ce semble, et comme pour la seconde fois, les honneurs de la pourpre, quinze ans après les avoir obtenus, aux applaudissements de toute l'Eglise, le jour où l'Eglise remerciait la France d'avoir ramené le pape dans la ville éternelle.

Après ce trait si éclatant, je renonce à compter les mille et mille marques de fidélité qu'il a données au saint-siége : tant de voyages entrepris pour visiter le tombeau des apôtres, tant de discours prononcés dans le Sénat pour défendre la cause de la royauté pontificale, un livre éloquent composé pour en faire l'histoire et en revendiquer les droits, la légion d'Antibes recrutée pour en défendre les restes, le denier de saint Pierre provoqué chaque année par de nouveaux appels et fidèlement recueilli par un clergé qui partage tous les sentiments de son évêque, la ferme et filiale adhésion donnée aux décisions du dernier concile, le rétablissement de la liturgie romaine, les lettres privées, les actes publics, les mandements solennels par lesquels il a affirmé, avec autant de netteté que de concision, qu'il faut nous serrer autour de la chaire de saint Pierre dans l'unité sainte de la croyance, du gouvernement et de la prière.

Tel nous l'avons vu pendant quarante ans, tel il demeura jusqu'à la fin, appliqué à la règle, assidu aux affaires, d'une charité qui n'a plus de bornes, d'une foi qui éclate plus que jamais. Il mourra comme il a vécu, debout devant les hommes, à genoux devant Dieu. Jusqu'au dernier jour, il a célébré la sainte messe, fa prière du soir à toute sa maison, présidé sa table, récité son chapelet, médité sans relâche sur les devoirs de son état. Il avait coutume de dire : Vivons comme si nous devions mourir le jour même, agissons comme si nous devions vivre toujours. C'est pourquoi il a travaillé jusqu'à la dernière heure, écoutant, répondant, dictant ou écrivant des lettres, donnant des ordres, réglant toutes les affaires de son diocèse. Jusqu'au dernier moment, il a reçu ses prêtres, ses amis, ses pauvres, les meilleurs amis de son Dieu. Pouvions-nous croire que ce dernier moment était si proche ? Il le voyait ; mais s'il paraissait en détourner ses yeux, c'était comme pour ne pas se laisser distraire de ses grands devoirs. Cependant, plus il avance vers le terme, plus il accentue et plus il répète l'expression de son obéissance filiale envers notre saint-père le pape. La dernière fois qu'il est monté en chaire, ç'a été pour prêcher encore, d'une voix déjà haletante, mais d'une foi non épuisée, le devoir de cette fidélité sainte, et pour lire, lui-même, dans l'église de Luxeuil, le 16 juin dernier, la consécration de son diocèse et de sa personne au Sacré Cœur. Voilà le *Credo* de son dernier sermon. A-t-il fait son testament? il le revoit et le termine par une éclatante profession de l'infaillibilité pontificale et par une déclaration de conformité parfaite aux décisions de l'Eglise et du saint-père. Voilà le *Credo* de ses dernières volontés. Enfin vous l'avez entendu exprimer les mêmes sentiments dans le discours qu'il a tenu à son chapitre et à son clergé le jour où il a reçu le viatique et l'extrême-onction avec tant de bonheur pour lui et tant d'édification pour son diocèse. Voilà le *Credo* de son dernier soupir. A ce *Credo* tant de fois répété, Rome répond par des bénédictions qui l'affermissent et qui le consolent. Quand la dernière nuit commence, un prêtre, qui était agenouillé aux pieds de Pie IX, racontait encore à ce grand pontife toutes les vicissitudes de cette agonie si chrétienne et les vives inquiétudes de l'Eglise de Besançon. « Partez, mon fils, répondit le saint-père, et dites au bon cardinal que je l'aime, que je le bénis, et que je prie Dieu pour lui et pour son troupeau. » Le prêtre part à l'heure même. La mort l'a devancé; mais, j'en ai la confiance, l'ange de l'agonie a devancé la mort, mais cet ange de paix a murmuré dans cette dernière nuit tous les souhaits du saint-père à notre archevêque expirant; mais le *Credo* revenait toujours sur ses lèvres à demi glacées. Quand on ne pouvait plus l'entendre, les anges le recueillaient encore. Voilà le *Credo* du dernier battement. Et maintenant que ce grand prélat est couché dans les bras de la mort, au pied de ce trône où sa voix pure et harmonieuse s'est tant de fois élevée pour entonner sur nos têtes, l'œil au ciel, les mains étendues, le *Credo* des fêtes solennelles, c'est à vous, Messeigneurs, ses vénérables frères dans l'épiscopat, c'est à nous, ses fils dans le sacerdoce, c'est à nous tous, évêques, prêtres, fidèles, qu'il a tant aimés, de reprendre sur ces lèvres éteintes l'accent que la mort vient à peine d'y interrompre, et de chanter à notre tour, d'une voix plus intrépide que jamais, autour du vicaire infaillible de Jésus-Christ, ce *Credo* qui vaincra le monde à force de lumière, de fermeté et de grandeur. *Et hæc est victoria quæ vincit mundum, fides nostra.*

III. S'il est des hommes dont la fortune a fait ici-bas tout le mérite, il en est d'autres dont le mérite fera toute la fortune devant l'équitable postérité. La mitre, la pourpre, les décorations, ne sont qu'une couronne qui tombe, et quand la mort l'a touchée, que reste-t-il, après cette ombre évanouie, sinon la vraie vertu, les nobles souvenirs, les solides ouvrages? Mgr le cardinal Mathieu entre aujourd'hui dans la retraite inviolable de la mort. Il y va descendre déjà plus grand qu'il n'est monté pendant quarante années sur ce trône archiépiscopal. La basse envie est trop occupée à dévorer les vivants pour demeurer longtemps au pied des tombeaux. Là, les ombres décroissent, les vains bruits se taisent, et la mémoire des morts se transfigure, même en ce monde, comme au doux reflet de la gloire qui les couronne dans le ciel. Vous avez vu comment notre père est demeuré le même jusqu'à la fin dans son esprit de zèle, de travail, de charité et de foi : c'est la grandeur sans déclin. Ecoutez et jugez encore. Jugez ses œuvres et apprenez comment on quitte la terre sans mourir.

Ses œuvres sont debout. Là voilà, cette cathédrale de Saint-Jean, l'une des plus curieuses de l'univers, qu'il a rendue à son style primitif avec tant de goût et de bonheur ; là voilà avec son triforium aux colonnes élancées, ses riches verrières, ses trois nefs, ses belles galeries, ses deux sanctuaires pavés de mosaïques, ornés de statues, de tombeaux d'albâtre et de tableaux signés par les grands maîtres ; là voilà avec ses vases de prix, ses reliquaires sans nombre, ses ornements sacerdotaux qui frappent tous les regards. Il l'avait trouvée encore toute mutilée, il la quitte pleine de richesses et de splendeurs. Tout est solide, tout durera. Partout le chêne, le marbre, l'or, les pierres précieuses, les marques de l'immortalité.

Est-ce assez d'une cathédrale ? Non, puisque Besançon en a deux dans les siècles passés, il faut que le cardinal Mathieu en lègue deux aux siècles futurs. Il a rouvert au sommet de la montagne l'église de Saint-Etienne ; il en a rétabli l'antique pèlerinage et les solennités populaires ; si ce n'est plus aujourd'hui qu'une enceinte modeste, la beauté des tabernacles, les peintures des voûtes, l'éclat des marbres que l'on foule aux pieds, attesteront du moins que ce fut autrefois une cathédrale et que le premier martyr de la chrétienté fut le premier patron de ce beau diocèse.

Parcourez maintenant d'un regard l'immense héritage de saint Jean et de saint Etienne. Que de belles églises ! Que de beaux presbytères ! Quel dessein hardiment conçu, lentement suivi, heureusement terminé, de restaurer ou de bâtir partout, et partout avec solidité, souvent avec magnificence, toujours avec goût et avec honneur. Fidèles paroisses, ce fut votre bonheur de comprendre ce grand dessein et d'épuiser pour le servir les ressources de votre trésor. Mais le trésor de nos montagnes ne s'épuise jamais, car le sapin les couvre encore de sa verte parure, l'industrie les féconde, le commerce les enrichit, tout prospère à ce peuple chrétien qui a si bien répondu à l'appel de son archevêque. Administrateurs intelligents et dévoués qui avez pris tant de part à cette belle œuvre, et qui vous êtes succédé aux affaires comme pour avoir chacun à votre tour le mérite de la comprendre, ce prélat, qui vous a tant de fois bénis, vous bénit encore du fond de ce cercueil, et vous méritez de l'être pour avoir si bien compris qu'en bâtissant la maison de Dieu et la maison du prêtre, on sert en toute vérité la commune, le département, l'Etat, on sert la France aussi bien que l'Eglise, on sert l'avenir aussi bien que le présent, on bâtit pour le siècle futur.

Ce que notre premier pasteur a mis de ses deniers à côté des deniers publics dans ces grandes entreprises, je ne saurais le dire ; et lui-même, qui donnait sans compter, le dirait moins que personne. Sa main gauche a toujours ignoré ce que donnait la droite. Il ne se souvenait jamais d'avoir donné et donnait toujours comme pour la première fois. Mais il est une œuvre dont je viens revendiquer hautement pour lui seul, devant Dieu et devant les hommes, l'incomparable mérite. Ici encore, le pape a commandé et l'évêque a obéi. Grégoire XVI avait fait à Mgr Mathieu une obligation sainte de consacrer toutes ses ressources à affranchir l'Eglise catholique d'une antique et triste servitude dans quatre cantons, jusque-là délaissés, où la chaire de l'erreur s'élevait dans le même temple en face de la chaire de la vraie doctrine et où l'on voyait, au grand détriment de la foi, la table nue de la cène protestante non loin du tabernacle où reposent le corps et le sang de Jésus-Christ. Ce sont encore des églises, des presbytères, des écoles à bâtir; mais le trésor municipal n'est plus ouvert, mais le budget de l'Etat n'a point de crédit pour une telle œuvre, mais les fortunes particulières sont aussi modestes dans notre province que celles des communes y sont brillantes et inépuisables. Que fera donc le saint pontife? Il quêtera et tendra la main; mais prenez-y garde, cette quête ne sera qu'un voile pour cacher ses largesses. Là où nous avons cru faire quelque chose, nous lui avons laissé presque tout à faire, tant nos aumônes sont naturellement faibles et bornées, tant les charges de cette religieuse entreprise sont écrasantes! Pour quelques milliers de francs qu'il a reçus, il a donné des millions. Les ressources de son siége, le traitement de l'Etat, la dotation du sénateur, tout, jusqu'aux derniers débris de sa modeste aisance, tout a été englouti dans cet abîme de gloire et de charité. Je l'appelle un abîme et je ne m'en dédis pas, mais c'est un abîme d'où la foi s'élève et monte jusqu'aux cieux. Elles vivent, elles prospèrent, les paroisses affranchies par sa main paternelle. Le prêtre s'y attache, les fidèles s'y multiplient, les écoles s'y soutiennent, les refuges, les ouvroirs, les cercles, tout ce qui révèle la vie chrétienne apparaît de toutes parts dans les contrées où languissait la vraie foi; et l'imposante église de Montbéliard, commencée il y a vingt-cinq ans, continuée d'année en année avec tant de patience et de grandeur, vient de jeter dans les airs sa dernière coupole pour annoncer que l'œuvre des pays mixtes a reçu sa couronne.

Cependant d'autres merveilles appellent mon attention. A côté des écoles ouvertes à la première enfance, voici des maisons d'éducation et de hautes études fondées, agrandies ou dotées, non-seulement pour recruter le sacerdoce, mais pour fournir au barreau, à la magistrature, à l'armée, de nobles serviteurs. Le séminaire archiépiscopal, cette grande œuvre de nos trois Grammont, se développe encore et devient plus prospère que jamais. Vesoul voit fleurir une école de philosophie sous des ombrages que l'antiquité studieuse aurait enviés; les maisons de Luxeuil et de Marnay élèvent au Seigneur de magnifiques sanctuaires; Ornans recommence ses belles destinées; Consolation s'enracine à tout jamais dans le granit de nos montagnes; la maîtrise est comme un vrai séminaire de piété et de science, où le chant et la musique sont cultivés avec un rare succès; le collége de Saint-François-Xavier semble n'avoir pas eu de commencements, tant il a été heureux dès son début, et les chefs-d'œuvre de la peinture chrétienne s'y étalent à côté des bonnes études, sous les yeux vigilants des disciples du P. Eudes; enfin, quand cet autre collége libre, non moins cher aux familles que celui de Besançon, a été transporté, au milieu des orages, de Colmar à la Chapelle, c'est l'archevêque de Besançon qui l'a adopté, qui l'a béni, qui s'en est déclaré le père et le protecteur, et qui, l'enveloppant dans sa pourpre avec ses vingt-cinq maîtres et ses quatre cents élèves, en a raffermi les sacrés fondements.

Je parle de ce collége devant l'évêque qui en fut le fondateur. Je parle de ce territoire de Belfort devant celui qui l'a perdu. Peut-être l'antiquité l'eût-elle peint dans cette cérémonie la figure couverte d'un voile. Mais l'amitié a été plus forte que la douleur, mais quand les liens qui ont attaché l'Eglise de Strasbourg à la métropole de Besançon ont été rompus par l'autorité suprême, il reste les liens du cœur qui ne se brisent jamais, il reste des pleurs à verser, un hommage à rendre à ce tombeau, un dernier adieu à adresser à un vieux compagnon d'armes. Soyez béni, Monseigneur, soyez mille et mille fois béni pour nous avoir montré que toutes les barrières qui semblent nous séparer ne sont rien, et que vous nous demeurez toujours un proche voisin et un fidèle ami!

Ainsi s'est épanouie la vie chrétienne dans ces paroisses, ces séminaires, ces colléges qui en ont porté au dehors les fleurs exquises et les fruits merveilleux. Avec un tel guide, jusqu'où n'ira pas le prêtre fidèle? Mgr Mathieu a encouragé toutes les vocations, et la semence sacerdotale fécondée par ses mains remplit l'Afrique, l'Asie, les îles les plus lointaines du nouveau monde, de tous les miracles de l'apostolat. Ne craignez pas que nos contrées manquent d'évangélistes et d'apôtres, même pour les œuvres les plus hardies. L'aumônerie militaire, qui commence à peine dans le reste de la France, fleurit depuis près de quarante ans dans le diocèse de Besançon. Ah! je peux bien l'avouer ici, et tous les braves qui m'écoutent ratifieront mes paroles, notre archevêque a été plus que personne le protecteur, l'ami, le confident du soldat. A l'heure où je vous parle, il y a sous quelque ciel lointain des vétérans qu'il a connus, qu'il a aimés, et qui, apprenant sa mort, baissent des yeux pleins de larmes, des yeux qui, sur vingt champs de bataille, ne se sont jamais baissés devant l'ennemi. Il a aimé le soldat pour sa vaillance, pour son dévouement, pour son abnégation et son esprit de sacrifice. On eût dit qu'il vivait sous le drapeau, et qu'il sentait, avec je ne sais quelle vivacité et quelle délicatesse, tout ce que demande l'honneur français. Soldats de la France, c'est pour cela qu'il a voulu depuis si longtemps faire de vous des soldats chrétiens.

Il me faut aussi entrer dans un sanctuaire voilé aux regards des hommes et parler de ce que la religion a de plus profond et de plus intime. Mgr Mathieu a souhaité pour son diocèse les grâces et les bénédictions de l'état religieux, sachant que ce mot rend bien la chose, et qu'il est profondément juste et vrai pour marquer la dédicace complète de l'homme à Dieu, à son culte, à sa gloire, à ses œuvres. Ce ne fut pas assez pour son zèle de se faire le propagateur des écoles chrétiennes et le protecteur des Frères de Marie, bénissant les noviciats, agrandissant les maisons anciennes, fondant les nouvelles, les défendant avec un courage invincible, et renonçant à son repos plutôt qu'à sa conscience le jour où la paix aurait pu être achetée au prix de leur honneur. Il a appelé les enfants de saint Bernard dans les murs ruinés de la Grâce-Dieu, et les colonies qui en sortent vont repeupler en Savoie le couvent de Tamié sous les auspices de saint Pierre de Tarentaise. Il a donné aux Carmes, réformés par sainte Thérèse, le cloître de Montigny, et ces religieux comptent aujourd'hui parmi les apôtres de nos montagnes. Il a béni les fils de saint Ignace dans leurs résidences de Besançon et de Belfort, et leurs missions rivalisent de zèle et de fécondité avec les missions diocésaines de la communauté de Beaupré, si fidèle à l'esprit de ses fondateurs. Il a consacré dans nos faubourgs la belle église élevée par les fils de saint François, et leurs pieds nus, leurs reins ceints d'une corde, leur tête rasée, prêchent avec une éloquence souveraine le Dieu de Bethléem et du Calvaire. Quel ordre religieux ne vient pas fixer chez nous sa tente agitée par la tempête?

Les Liguoriens, chassés par l'aigle de l'Allemagne, ont trouvé à Pérouse la retraite tranquille que souhaitait leur piété. Les Bénédictins de Notre-Dame de la Pierre viennent se réfugier à Delle. Plus les persécutions s'étendent, plus le diocèse de Besançon ouvre d'asiles aux persécutés. L'impie se lassera de frapper, d'exiler, de détruire; Mgr Mathieu ne s'est jamais lassé de recevoir les exilés et les bannis, dont tout le crime est d'avoir embrassé la perfection de l'Evangile.

Cette perfection, la vaillante fille de Franche-Comté la comprend, l'embrasse, la pratique avec une générosité incroyable. Mgr Mathieu n'ignorait pas qu'au jour de la révolution nos couvents de femmes n'avaient donné au monde que des exemples de fidélité et d'honneur. Il a donc fouillé cette bonne terre, il a retrouvé ce précieux trésor, il a fondé des maisons par centaines, il a suscité des vocations religieuses par milliers. O sœurs de sainte Marthe, si vos hospices ont acquis tant de renom en Suisse, en Bourgogne, en Comté, n'est-ce pas pour vous être abandonnées à ses sages conseils? O sœurs de Charité, de la sainte Famille et de l'Ermitage, si vos écoles sont devenues si populaires, n'est-ce pas pour avoir été conservées par ses soins dans votre esprit primitif de simplicité et de dévouement? Eh bien! ce n'est pas encore assez pour ceux qui souffrent, et les petites sœurs des pauvres seront appelées à Besançon, les sœurs du divin Rédempteur à Ornans, les sœurs de la Sagesse à Morteau, les sœurs gardes-malades dans toute la province. Ce n'est pas assez pour les ignorants, il faut toujours instruire; eh bien! le Sacré-Cœur ouvrira une maison aux orphelines, et la congrégation de l'Immaculée Conception viendra lui disputer l'honneur de les recevoir; Baume, Orchamps, Maîche, Montmartin, confieront leurs écoles aux filles de sainte Ursule; les filles de saint François de Sales compteront la maison d'Ornans parmi les grandes maisons de leur institut; Vesoul et Pontarlier connaîtront le dévouement des dames de Saint-Maur; Gray voit grandir tous les jours le pensionnat de Notre-Dame sous le vocable du bienheureux P. Fourier. Ce n'est pas encore assez, car la fille du peuple doit être formée au travail, et l'humble domestique recueillie dans son abandon. Eh bien! Besançon aura la maison du Bon-Secours et l'ouvroir de Saint-Joseph. Ce n'est pas encore assez, il faut apprendre comment on reconquiert l'honneur perdu; eh bien! outre le Refuge qui s'ouvre depuis longtemps à Besançon aux filles pénitentes, Béthanie s'ouvrira aux réhabilitées des prisons publiques; Béthanie, qui a commencé à Frasne, qui a été transférée à Mont, et où notre cardinal est allé lui-même, le 18 mai dernier, donner l'habit de Dominicaine à la première Madeleine qui ait été admise parmi les religieuses de chœur. Ce n'est pas encore assez, car il faut non-seulement des Marthes, mais des Maries qui prient toujours, qui prient pour la famille, pour la France, pour l'Eglise; les Bernardines seront donc appelées à leur tour dans cette cité pour y gémir nuit et jour devant le saint sacrement; les carmélites y élèveront des grilles derrière lesquelles elles se voileront encore pour mieux cacher leurs austérités, leur visage et leur nom; enfin, pour que rien ne manque à tant de parfums exhalés par ce magnifique bouquet des vertus religieuses, les filles de sainte Claire, les héroïnes de la pénitence, rapporteront bientôt dans nos murs, comme sainte Colette le leur a prédit il y a quatre siècles, le sacrifice perpétuel de leur silence, de leur mortification et de leurs larmes. Et vous, fidèles qui m'écoutez, quand après avoir donné vos filles aux cloîtres et vos fils à l'autel, vous sentirez que la famille se restaure, que la France se relève, que l'Eglise respire, eh bien! loin d'accuser d'envahissement et d'indiscrétion le prélat si prévoyant qui a facilité et multiplié ces vocations saintes, vous le remercierez, pendant votre vie, de vous avoir donné une épouse fidèle, des fils soumis, des serviteurs chrétiens; vous le remercierez à votre mort de vous avoir préparé tant de prières dans les cloîtres pour adoucir votre agonie, tant de religieuses dans les hospices pour vous retourner sur votre lit de douleur, et peut-être un prêtre dans votre famille pour vous absoudre, vous bénir et vous fermer les yeux.

J'ai parlé d'avance le langage de la postérité, mais ici tout m'y autorise : cet éloge qui est dans toutes les bouches, cette foule qui a assiégé pendant trois jours le lit funèbre pour voir encore une fois son pasteur et son père, ces élans et ces regrets si unanimes, ces vêtements que quarante mille fidèles sont venus baiser, ces médailles et ces rosaires consacrés par de si pieux attouchements. Non, ce n'est pas là un vain spectacle, j'y vois la justice qui commence, j'y entends la prédication qui se continue. L'homme qui a le moins recherché la popularité pendant sa vie, en jouit tout à coup après sa mort avec un éclat extraordinaire. Il y a dans ce retour soudain et dans ce changement inouï quelque chose qui révèle l'âme d'un peuple chrétien. Partout la stupeur, partout le deuil, partout le sentiment d'une grande perte. Le moindre village a été frappé comme la cité métropolitaine. Le vide est le même dans toutes les églises, parce que la douleur est la même dans tous les cœurs. Dans le reste du diocèse comme à Besançon,

Un seul être nous manque et tout est dépeuplé.

Mais non, le bon pasteur ne nous manque pas ; déchirez le voile qui vous sépare du monde invisible, regardez et voyez, il prie, il conseille, il travaille encore. Notre archevêque marche encore devant nous jusque dans l'immobilité du tombeau ; son cœur parle encore jusque dans le silence de la mort ; suivez-le donc jusque dans ces hautes régions où il vous appelle ; écoutez-le jusque dans cette langue si persuasive qu'il nous fait entendre par ses immortels exemples et ses grandes œuvres ; souvenez-vous, enfin, que si ce père tant aimé est allé au ciel, c'est au ciel qu'il faut aller vous-mêmes pour demeurer dans le troupeau, pour retrouver le pasteur et pour n'avoir plus avec lui qu'un cœur, une âme, une voix, dans ces lumineuses profondeurs de la béatitude, où il sera votre chef et où vous serez sa couronne pendant l'éternité !

EXTRAIT DU TESTAMENT

DE SON ÉM. Mgr LE CARDINAL MATHIEU,

ARCHEVÊQUE DE BESANÇON.

Je fais profession de la foi de la sainte Eglise catholique, apostolique et romaine, ma mère, et d'une entière et filiale soumission au souverain pontife.

Je demande instamment au Seigneur de mourir dans son saint amour et avec les sacrements de l'Eglise, que j'ai procurés à mes parents, amis et diocésains autant que je l'ai pu.

Je remercie Dieu de toutes les grâces qu'il m'a faites pendant ma vie, et notamment de celle de ma première communion, qui en a déterminé une foule d'autres.

Je lui demande pardon de toutes les fautes que j'ai commises pendant mon long épiscopat, et je demande aussi pardon à tous ceux que j'ai pu contrister et offenser.

Je proteste que je ne conserve rien sur le cœur de toutes les injures qu'on a pu me faire, et que je les pardonne cordialement.

Je déclare, pour prévenir toute mauvaise édification, que si je ne fais ni fondation ni donation dans le diocèse, c'est que je ne peux pas, ayant donné de mon vivant en œuvres et en aumônes tout ce que je pouvais et au delà de ce que je pouvais, de sorte que j'espère ne rien laisser à ma famille de ce qui m'est venu de mes charges ecclésiastiques....

Fait à Besançon, en présence de la mort qui peut m'atteindre à chaque instant, le 4 août 1866.

† Césaire Mathieu,
Cardinal archevêque de Besançon.

Je déclare que, le 5 août 1870, j'ai fait au souverain pontife acte d'adhésion pure et simple de toute mon âme et de tout mon cœur aux définitions par lui prononcées le 18 juillet précédent, et que je lui ai envoyé cet acte par le cardinal Antonelli, à qui Sa Sainteté a déclaré qu'elle en était satisfaite.

Besançon, le 16 septembre 1870.

† Césaire, cardinal Mathieu,
Archevêque de Besançon.

BESANÇON, IMPRIMERIE DE J. JACQUIN.

OUVRAGES DE M. L'ABBÉ BESSON

EN VENTE A LA MÊME LIBRAIRIE

L'Année des pèlerinages — 1872-1873. Sermons prêchés par M. l'abbé Besson, chanoine titulaire de Besançon, chanoine honoraire de Nancy, Saint-Dié et Verdun ; 1 vol. in-12 (franco par la poste), 3 fr.
Ou 1 vol. in-8° (franco par la poste), 5 fr.

Le Sacré Cœur de l'Homme-Dieu, Sermons prêchés à Besançon et à Paray-le-Monial, en juin 1873, par M. l'abbé Besson, chanoine titulaire de la métropole de Besançon, etc., etc. ; 1 vol. in-12 (franco par la poste), 3 fr.
Ou 1 vol. in-8° (franco par la poste), 5 fr.

L'Année d'expiation et de grâce — 1870-1871. Sermons et oraisons funèbres ; 2° édition ; 1 vol. in-8°, 4 fr. ; franco, 4 fr. 50 c.
Ou 1 vol. in-12, 2 fr. 50 ; franco, 2 fr. 75 c.

M. de Montalembert en Franche-Comté ; 1 vol. in-12 (franco par la poste), 3 fr.

L'Homme-Dieu, conférences prêchées à la métropole de Besançon ; 9° édition ; 1 vol. in-12 (franco par la poste), 3 fr.
Ou 1 vol. in-8° (franco par la poste), 5 fr.

L'Église, conférences ; 6° édition ; 1 vol. in-12 (franco par la poste), 3 fr.
Ou 1 vol. in-8° (franco par la poste), 5 fr.

Le Décalogue, ou la Loi de l'Homme-Dieu, conférences ; 4° édition ; 2 vol. in-12 (franco par la poste), 6 fr.
Ou 2 vol. in-8° (franco par la poste), 10 fr.

Les Sacrements, ou la Grâce de l'Homme-Dieu, conférences ; 2 vol. in-12 (franco par la poste), 6 fr.
Ou 2 vol. in-8° (franco par la poste), 10 fr.

Panégyriques et Oraisons funèbres, nouvelle série ; 1 vol. in-12 (franco par la poste), 3 fr.
Ou 1 vol. in-8° (franco par la poste), 5 fr.

Les Mystères de la vie future, ou la Gloire de l'Homme-Dieu ; 1 vol. in-12 (franco par la poste), 3 fr.
Ou 1 vol. in-8° franco par la poste, 5 fr.

Panégyrique de saint Mammès, prononcé dans la cathédrale de Langres, le dimanche de Quasimodo, 4 avril 1875 ; prix, 50 cent. ; par la poste, 60 cent.

BESANÇON, IMPRIMERIE DE J. JACQUIN.

www.ingramcontent.com/pod-product-compliance
Lightning Source LLC
Chambersburg PA
CBHW070706050426
42451CB00008B/516